はじめに

2024年3月、日経平均株価がついにバブル期の最高値を超し、あっという間に4万円の大台に達しました。長年続いてきたマイナス金利政策も見直され、日本経済を取り巻く環境は激変の真っ只中にあります。新たなステージに突入したのです。一方で、製造、物流、販売現場における人手不足は深刻さを増し、中国をはじめとする世界経済の不透明感が増す中、大企業では黒字のうちにリストラを断行し、企業体質の強化を図る動きが出てきています。

雇用環境をめぐっては、政府の賃上げ促進税制もあり、物価を上回る大幅な賃上げを目指す動きが大企業を中心に広がり、満額回答する企業も相次ぎました。とはいえ、この間、物価上昇や生産コストの価格転嫁が満足にできなかった下請け、孫請けの中小・零細企業の中には賃上げの原資さえおぼつかない状況のところが多々見受けられるのも実情です。経済環境が激変する中で、大企業と中小企業の経営格差、体力格差は拡大する一方です。

こうした激変の時代にあって、全企業の99.7%を占める中小企業が勝ち残るためにはどうしたらいいのか。そんな究極のテーマを追求する中で、戦略的な「勝ち残りＭ＆Ａ」がベストの選択であると確信しました。本書はその方法論を実際の事例を交えながらわかりやすくお伝えする内容となっています。

Ｍ＆ＡはMergers and Acquisitions（合併と買収）の略です。これまでＭ＆Ａというと、１９９０年代のバブル経済崩壊後、日本を舞台に繰り広げられたハゲタカ外資による国内企業の買い叩き、新興大企業などによる経営難に陥った老舗企業買収劇、さらには若手のＩＴ起業家による資産目当ての自社売却など、どうしてもネガティブなイメージが色濃くつきまとっていた感は否めません。

しかし、時代は確実に変化しています。人口減少、少子高齢化が急速に進行していく状況下で、後継者難に悩む中小企業のオーナーが増えています。また、中小企業を取り巻く経営環境も一変しています。今ではＤＸ（デジタルトランスフォーメーション）やＡＩ（人工知能）を現場に導入して生産性を上げていかないと収益増につながりません。昭和や平成までのやり方の延長線上では、中小企業は生き残れなくなってきているのです。

政府の中小企業対策も、かつては幅広い補助金制度を整備する「あめ玉政策」をとってきましたが、最近は「ある程度は自分たちで努力して生き残りなさいよ」といった姿勢に変化してきています。人口が大幅に減り、生産年齢人口のボリュームが縮小していく中で、一部の生産性の悪い中小企業は切り捨てざるを得ないという状況に入りはじめているのではないでしょうか。

中小企業にとってはますます厳しい時代になりました。生き残っていくだけでも大変ですが、将来的なことを考えれば、生き残るだけではダメなのです。これからの時代を力強く生き抜き、勝ち残らないと次世代につなぐことはできません。そこで、勝ち残っていくのに必要なのは、やはりある程度のボリューム、体力です。後継者難に加え、自社単独での勝ち残りに不安を感じている中小企業のオーナーは年々増えています。そんな苦悩を抱えるオーナーたちにお勧めしたい解決策が、M&Aであると考えています。

勝ち残りのためのM&Aは、相手企業を飲み込み、すべてを自社のやり方に従わせるような強制的なものではありません。究極の目的はM&Aによる自社グループのさらなる成長、拡大、発展です。そのためには相手企業（買収先）の経営資源、人的資源、経営カルチャーを最大限に尊重して、うまく融合していくことが求められます。大上段に構えて相手の企業カルチャーを無視して、大幅なリストラでもしようものなら、モチベーションが低下し、かえってマイナスになってしまいます。

逆に自社を売却することでこれまで培ってきた生産技術、伝統、文化を次世代に承継していきたい、ブランドを残したい、そうお考えのオーナーたちにとっても、理解ある優良な相手を探すことが最重要ポイントになります。

M&Aは買収側にとっても、売却側にとっても、混とんとした時代を勝ち残っていくための最強のツールといえるでしょう。それをいかに理性的、合理的に使いこなし、理想のM&Aを実現していけるかがポイントなのです。

そのためには徹底した情報収集とデューデリジェンス（投資先の価値、リスクなどの調査 以下、デューデリ）が欠かせません。同時に、常に相手先を思いやる「利他の心」を持ち合わせることです。それらが結晶してこそ、両者がハッピーになれる、Win-Winの「勝ち残りM&A」に結び付くのです。

みどりグループは第一ビルサービスを中核とする企業体で、グループ法人は21社となりました。初めてのM&Aは2012年。銀行の仲介で、島根県を拠点にする消防・防災関連企業をグループに招き入れました。その後も少しずつM&Aを実践してきましたが、M&Aを企業成長・発展の原動力として強く意識して推進しはじめたのは2020年からです。

この数年で、大手から独立した人が新たに立ち上げたM&A仲介会社がどんどん誕生しています。つまり、従来の付き合い相手に留まらず、それだけ紹介を受ける間口が広がってきているのです。同時に、地方においても高齢化、後継者難から売却を考えて相談を持ち掛ける中小企業のオーナーが年々、増えているのを実感しています。

そういった状況の中で、中小企業にとってのM＆Aの実践的、戦略的な入門書の必要性を痛感し、本書の制作を思い立ち、準備を進めてようやく形になりました。自社の技術、ブランドを次世代に継承していきたいと考えている中小企業のオーナーの方々、銀行やM＆A仲介会社の現場で実務を行っている方々、就職を控えている学生さんなど、企業経営に関心をお持ちの方にぜひ手に取っていただければ幸いです。

社会に大きな変革をもたらすイノベーション（革新）が連続する令和という時代を生き抜き、勝ち残るには生半可な経営努力では通用しません。たとえ今はオンリーワン企業であったとしても、この先もそうあり続けられる保証はありません。全国に約336万社あるといわれる中小企業が、もし10年後も同じ数だけ国内に残っていたら、日本は国際競争力で完全に置いていかれているでしょう。小さな塊はある程度大きな塊になっていかないと生き残ることもおぼつかない時代なのです。繰り返しになりますが、そのための最善で最強のツールがＭ＆Ａだと言えます。次世代に継承していくためにも、ぜひ本書をご活用いただければと思います。

２０２４年12月

みどりホールディングス代表取締役　杉川　聡

第1章

M&Aこそが勝ち残りの切り札

地域経済活性化へ、M&Aは有効なツール

令和に入り、M&Aは地方においても身近な存在になってきています。みどりグループが本社を構える広島でも同様です。M&Aの仲介を手がけるM&Aキャピタルパートナーズ（東京）によると、2024年1～3月に中国地方で成立したM&Aは36件で、この期間では過去最多でした。

広島県は製造業が盛んで、製造品出荷額等は8兆8699億円で全国11位、

表１　主要項目の状況（従業者４人以上の事業所）

	広島県					全国	
	実数	前年からの増減数	前年比（%）	全国シェア（%）（前年）	全国順位（前年）	実数	前年比（%）
事業所数（所）	4,812	235	5.1	2.7 (2.5)	14 (15)	176,858	△2.8
従業者数（人）	207,756	△10,883	△5.0	2.8 (2.8)	11 (10)	7,465,556	△3.3
製造品出荷額等（億円）	88,699	△8,717	△8.9	2.9 (3.0)	11 (11)	3,020,033	△6.4
付加価値額（億円）	26,309	△808	△3.0	2.7 (2.7)	13 (14)	968,255	△3.4

出典：令和3年経済センサス

中国・四国・九州地方では福岡県に次いで2位となっています（令和3年経済センサス）。事業所数は４８１２で5年ぶりに増加しましたが、２０１２年の５８１４に比べると、約８割の水準となっています。

従業者の規模別では「３００人以上」が37．7%と3分の1強を占め、続いて「30人～99人」（約21%）、「１００～２９９人」（20．５%）となっています。中心は中小企業です。

そんな広島経済における最大の課題は

「後継者不在」。帝国データバンクの実態調査（２０２２年）によると、広島県の後継者不在率は59％。調査対象企業約６５００社のうち、「後継者がいる」は41％にとどまり、59％は「後継者がいない」「後継者が決まっていない」状況で、全国平均は57．2％でした。

■広島県の後継者不在率

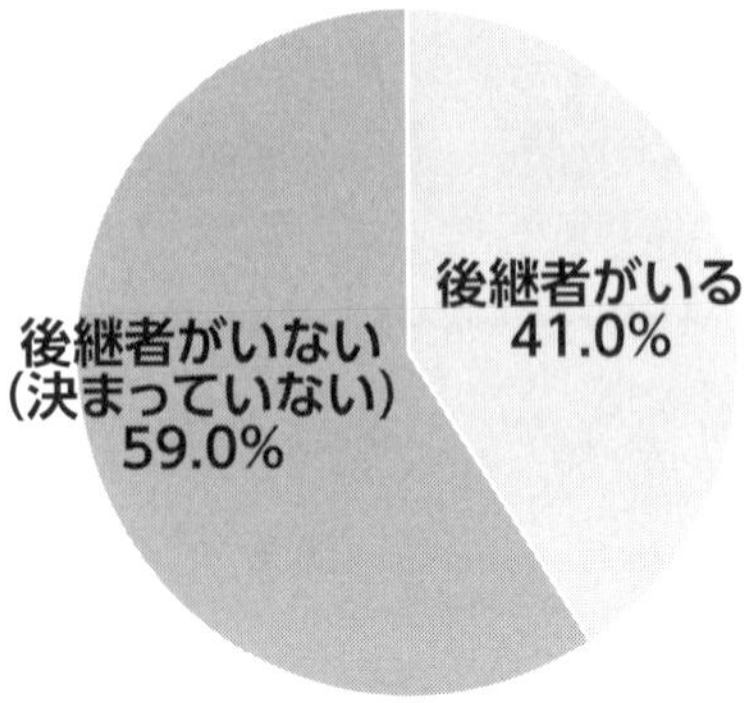

広島県内では、後継者不在率の高さは建設業が7割で最も高く、次いでサービス業（65．9％）、小売業（61．7％）、運輸・通信業（55．7％）、製造業（48．1％）となっています。売上規模別では「1億円未満」が7割超で最多。従業者数別では「10人未満」が66％で最も高く、「10～100人未満」が

55%となっています。中小・零細企業が大半です。

この後継者難は中小企業の存続にとっては致命的な問題です。子どもがいない、実の子どもが事業に関心がない、親族や従業員まで広げても後継者が見つからない。そんな経営者に残された選択肢は、「廃業」か「M&A」ということになります。

日本政策金融公庫の調査によると、60代経営者のうち61.2%が自分の代で事業をやめると回答しています。廃業の理由は「そもそも誰かに継いでもらいたいと思っていない」(38%)、「事業に将来性がない」(28%)が多く、その他では「子どもに継ぐ意思がない」(12.8%)、「子どもがいない」(9.2%)、「適当な後継者がいない」(6.6%)と続きます。

廃業は、一見簡単に見えます。オーナー経営者であれば、自分の意思だけで実行可能で、タイミングも問いません。事業の引き継ぎがないため、相手や金融機関などとの交渉が不要である点も大きいでしょう。

ただ、これまで培ってきた技術やブランドは、廃業と同時に継承されなくなり、消えていく運命となります。何十年もかけて育て、磨き上げてきた自社ブランドと技術は、オーナー経営者にとっては宝物です。それが喪失することに耐えられるかどうか。廃業は、自由に選択できる方法ではありますが、オーナー経営者にとっては失うものも大きいのが実態です。

M&Aの場合はどうでしょうか。後継者難の解消、事業継続を目的とした

M&Aということで、ここでは「売却」ということになります。最大のメリットはこれまでオーナーとして人生をかけて育て上げてきた事業を承継できる点です。どんな形であれ、地域に根差した企業文化を存続させることができるのなら、経営者としては本望でしょう。当社の場合は、従業員の雇用や待遇面をM&A実施前と変えることはせず、より良くなるように取り組んでいます。

また、廃業や親族への事業承継と違い、M&Aでは事業のシナジー効果も評価されます。企業価値の算定の際、それまで会社が積み上げてきた実績が加味され、評価されることも少なくありません。

とはいえ、すべてが順調にいくとは限りません。M&Aは手間だけでなく、時間がかかることも覚悟する必要があります。M&Aでは、後継者難に伴う売却希望の会社、仲介会社、シナジー効果やさらなる成長・拡大を目指す購入希望企業、という3者のそれぞれの思惑、打算がぶつかり合います。とくに相手先の経営の内情については、慎重で精緻なデューデリが欠かせません。財務諸表だけでは見抜けない買収相手の経営リスク、経営環境についてどこまで踏み込んで知ることができるか。自社の人材だけでなく、公認会計士や税理士、取引先などのマンパワーを駆使して徹底的に調査することが必要です。当社が知る限りでは、事前の調査やデューデリをおろそかにしてうまくいったM&Aの事例はありません。

デューデリが終わったら、今度は相手先との交渉が待っています。買収にあたってどういった形で経営統合を進めていくのか。従業員や取引先との関係はどうするのか。事業の取捨選択はどうするのか。中途半端なままM&Aを成立させてしまうと、後から問題が生じてくる可能性があります。お互いに納得がいくまで膝を突き合わせ、誠実かつ利他の心を持ち合わせた交渉が必要となります。

M&Aには時間がかかります。粘り強さと決断力、包容力、そして洞察力。培ってきた経営者としての叡智を結集させ、納得のいくデューデリ、経営統合交渉を行う。それが成功の秘訣と言っていいでしょう。思いを共有できる相手と巡り会え、最良の形で経営統合、事業承継、従業員の雇用確保が実現できたなら、経営者冥利に尽きるのではないでしょうか。

購入側にとってもメリットは大きいでしょう。それがＭ＆Ａの魅力です。最たるものは新規事業参入のコストと時間を最小限にすることができる点です。事業拡大、成長を目的としたＭ＆Ａの場合、自社にない製造・販売技術やスキルを、時間をかけることなく手に入れることができるのは、お金に代えられない大きな価値です。

たとえば数百年続く伝統工芸の技術をイチから育て上げ、商品化させていくには気の遠くなるような時間とコストが必要になります。その点、Ｍ＆Ａによる経営統合で相手先の技術とスキルを、従業員ともどども引き継ぐことができれば、これはまさに天からの授かりもの。自社の持つ技術や販売網などとのシナジー効果が発揮されれば、M&A以前よりもはるかに価値の高い事業、サービスに転化させて世の中に送り出すことができます。

当然、そうした新規事業の積み重ねで、現在の事業を効率的に拡大、成長させることも可能になります。グループ化の実現により、仕入れから製造、販売までの工程を検証して見直し、共有していくことで、自社単独の時代に比べ、はるかに大きな統合メリットを得ることができるようになるのです。

M&Aが順調にいけば、もう一つ、大きなメリットがあります。当該企業の生産拠点などが存在する地域の活性化です。たとえば、医療から教育玩具、ソフトに至る子ども関連グッズの製造、販売を手掛ける中堅企業が、子ども向けおもちゃの製造企業（中小企業）を買収して、M&Aが成立したとしましょう。

買収された企業は、オーナー経営者の下で幼児や小学生向けのリアルおもちゃをつくってきました。ところが後継者難に加え、少子化の影響、大手玩具メーカーや同業他社との競争激化、価格競争という現実に、経営者は自社単独での事業継続を断念し、中堅企業との経営統合に踏み切ります。その際、相手先経営陣ととことん話し合い、経営権は譲渡するものの、自社ブランドの継続、従業員の雇用確保、待遇維持という最低限の要求を承諾してもらうことを希望していました。

結果的には、要求以上の成果が得られました。買収した中堅企業は、玩具メーカーのゆるぎない技術と、子どもたちの親の世代にまで浸透しているブランド力、商品力を複合的に進化させれば、新たなヒット商品、定番商品を生み出すことができると同時に、ブランドの融合でさらに強固なブランド市場を形成できるかもしれない。さらに、販売拠点も店舗だけでなくオンラインマーケットを最大限に活用することで、世界を相手としたビジネスになる。そこまで踏み込んだ経営判断をしてM&Aに乗り出していました。

まさにWin-Winの関係です。M&Aは1＋1＝2ではないのです。お互いの経営土壌、技術力、開発力、販売力、ブランド力などがマッチングした結果、2倍どころか3倍にも4倍にもなる可能性を秘めているということです。後継者難に悩む中小企業にとっても、事業拡大のために売却希望企業を探していた買収企業にとっても、新時代で勝ち残るためにはM&Aが最良の選択肢だったのです。

もちろん、すべてがうまくいくわけではありません。何しろ、M&Aはオーナー経営者の頭の中で完結するものではありませんから、次から次へと難題が生じてくることは避けられないでしょう。売却企業も買収企業も仲介会社も、それぞれに思惑と打算を秘めています。3社が利己心だけで動けば、まとまるものもまとまりません。逆にそれぞれが利他の心を併せ持ち、3社にとってのメリット、地域社会への還元、貢献といったことまで考えて行動したら、結果はおのずと変わってくるでしょう。

話を広島県に戻しましょう。県の人口は約271万人、政令指定都市の広島市は約117万人となっています。問題は若者の人口流出です。2023年の人口移動報告（総務省）によると、広島県は転出者数から転入者数を引いた「転出超過」が1万1409人で全国ワースト、広島市は3795人と政令指定都市でワースト2になっているのです。その最大の原因は若者世代の流出です。広島県は日本人の20-34歳の転出超過数が5341人、広島市は1094人もいるのです。進学、就職で広島を出て戻らない若者が多いということです。

人口減少が加速していく時代に、広島という中国地方最大の都市においても若者が出ていったきり戻らない。地域経済にも大きな痛手です。こんな状況が続けば、中小企業は後継者問題よりも先に人手不足で参ってしまいます。

広島県の転出超過数

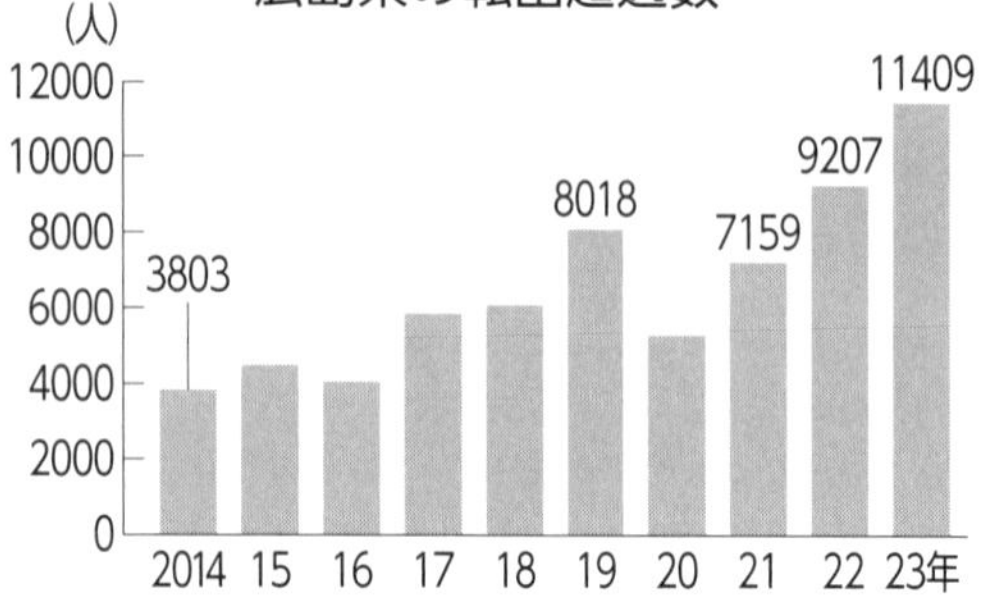

中国地方５県の転出超過数

	2023年　　（22年）
広島	11,409　（9,207）
山口	3,718　（2,807）
岡山	5,621　（5,527）
島根	1,889　（1,802）
鳥取	1,756　（1,323）

※単位は人。外国人も含む

出典：総務省「住民基本台帳 人口移動報告」

逆説的な言い方になるかもしれませんが、若者流出↓人手不足↓地域活力低下↓魅力欠乏↓若者流出という負のループを抜け出すためにも、地元の中小企業によるＭ＆Ａによって地域経済を活性化させ、魅力的な雇用環境を整備することが不可欠になってくるのではないでしょうか。若者世代の起業やスタートアップを、自治体として、あるいは地元経済界として支援して大きなうねりにしていき、彼らが将来的に成長、拡大のために広島の地をベースにM&Aを行っていく。そんな相乗効果をもたらすような経済施策が必要ではないでしょうか。

M&Aは単に中小企業の生き残り、勝ち残りのための方策だけではなく、地域経済全体の活性化に向けての有効なツールとなる可能性を秘めているということです。これは広島に限ったことではありません。北海道から沖縄まで、全国の地域経済活性化につながる話と言えるのではないでしょうか。

第2章

M&Aを取り巻く現状と課題

20年前の2倍以上に急増したM&A件数

中小企業にとってM&Aがいかに重要な経営戦略であるかを実感する経営者が確実に増えています。それは、わが国におけるM&A実施件数の推移を見れば歴然です。２０２３年版の中小企業白書に、２０００年以降のM&A件数の推移が掲載されています。レコフデータの調べによるグラフです。２０２２年のM&A件数は過去最多の４３０４件となっています。20年前の２００２年は１８０５件でしたから、２倍以上に増加しているのです。

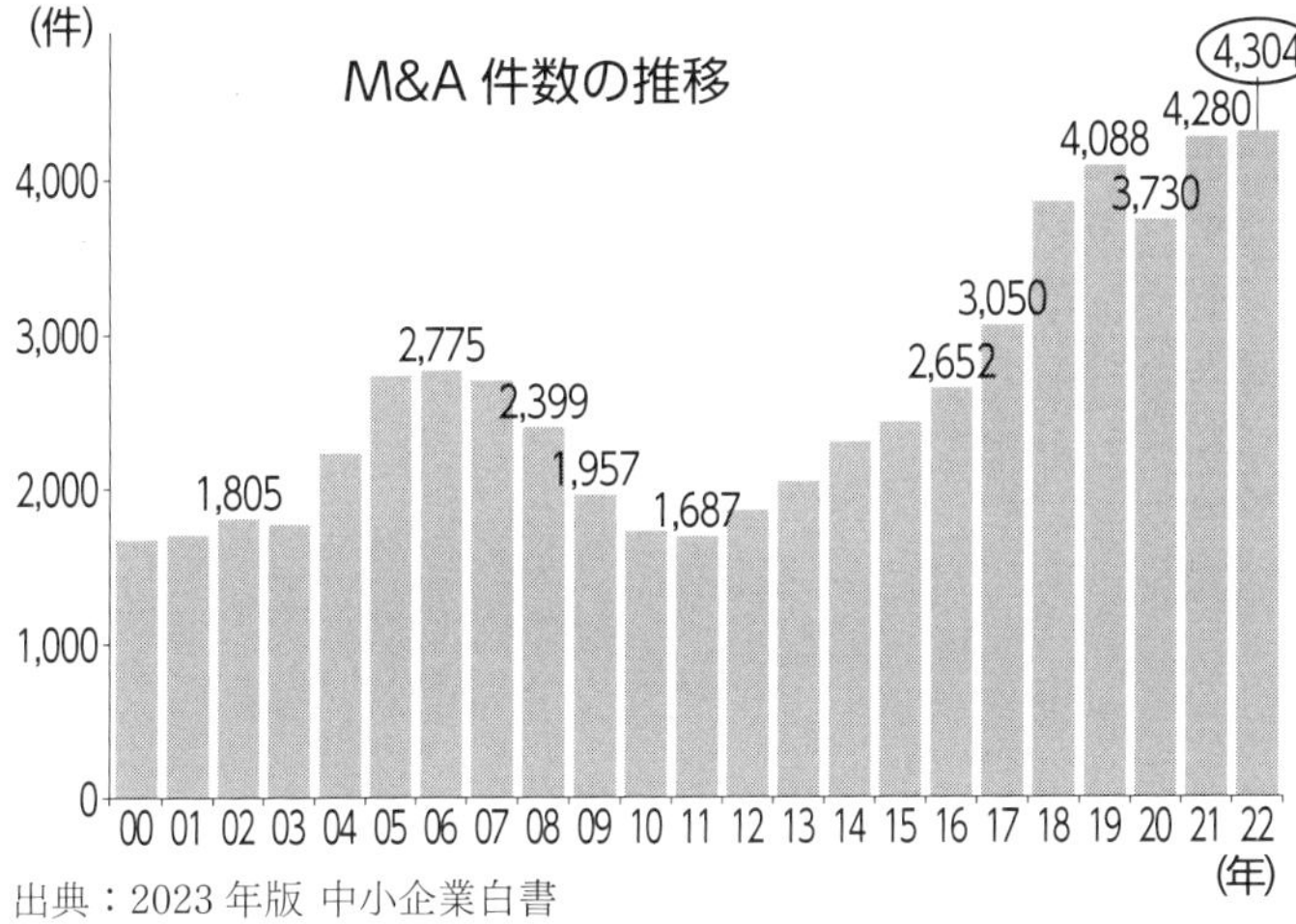

出典：2023 年版 中小企業白書

中小企業のM&Aの相談、マッチング支援などを行う中小企業事業承継・引継ぎ支援全国本部によると、センターの支援の基礎となる相談者数は、2022年度が2万2361者（前年度比約107%）となり、過去最高を記録しました。事業引継ぎ成約件数は1681件で、これも過去最高です。2011年度は、相談者数はわずか250者、成約件数はゼロでしたから、隔世の感があります。

センター成約件数の推移（第三者承継）

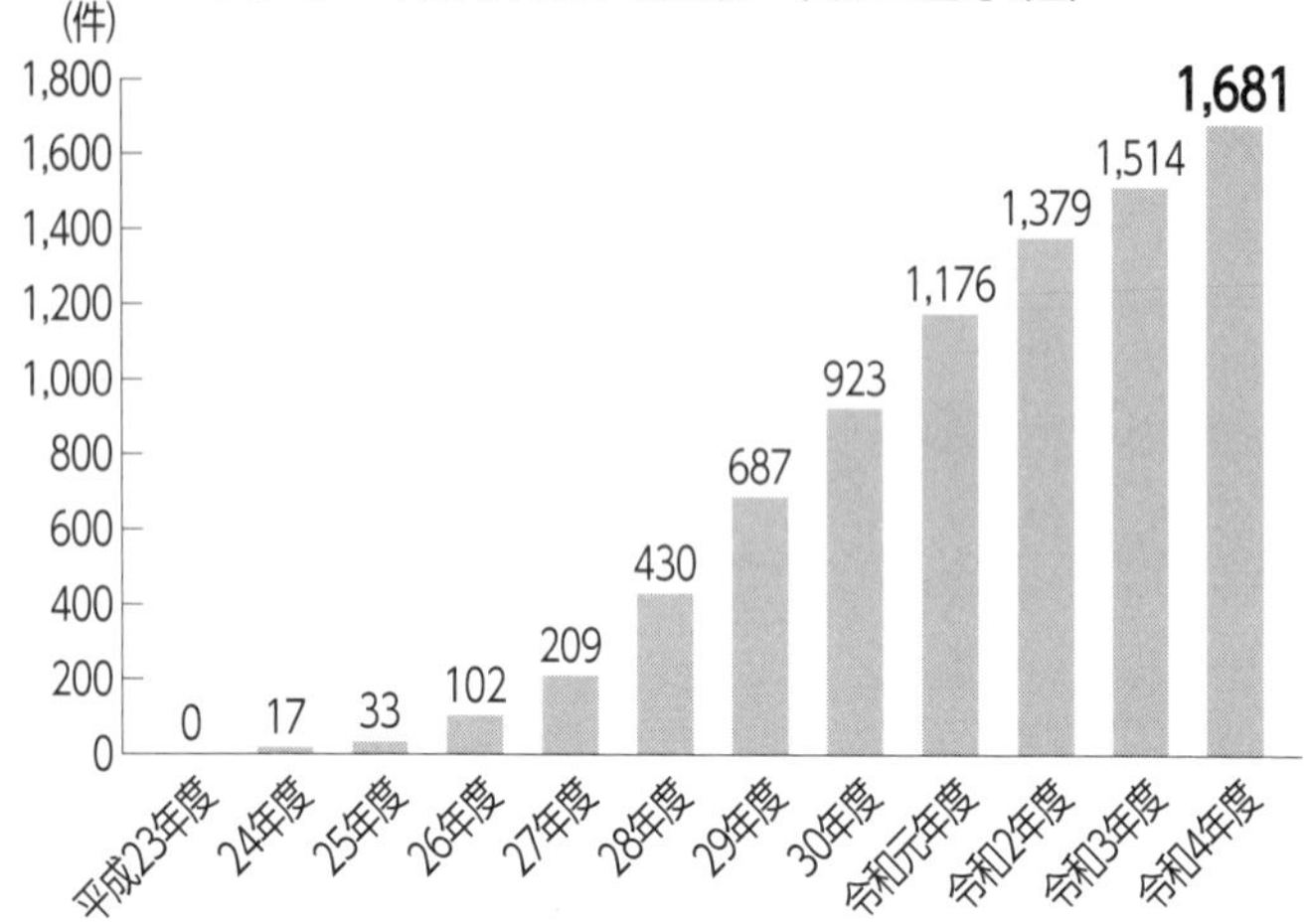

（累計8,151件）

センター相談者数の推移

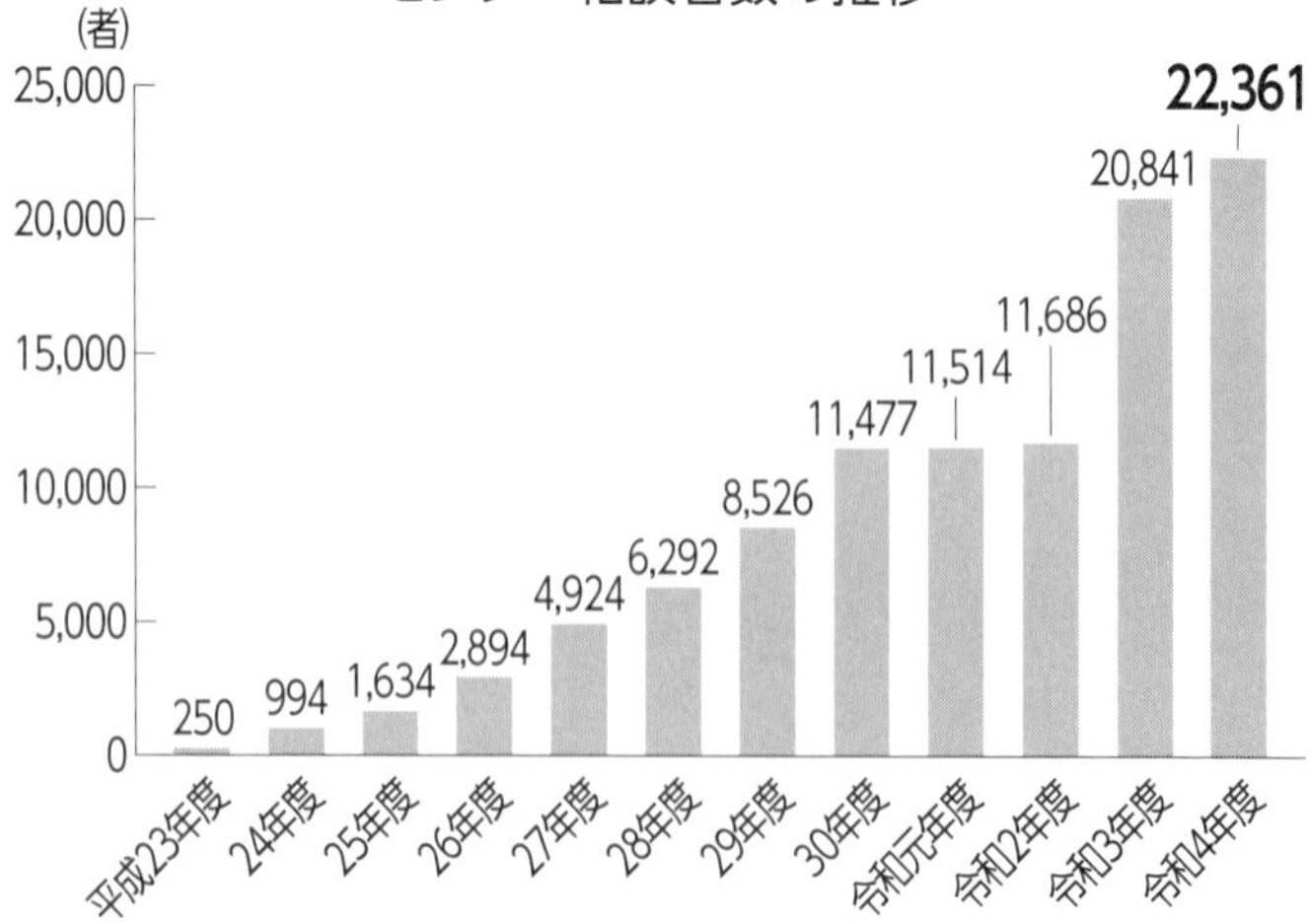

（累計103,393者）

出典：中小企業基盤整備機構「令和4年度 事業承継・引継ぎ支援事業の実績について」

買い手、売り手のM&Aの目的と狙いは

それではM&Aを検討した中小企業の目的、きっかけは何だったのでしょうか。帝国データバンクが行った「中小企業の事業承継・M&Aに関する調査」によると、買い手、売り手の意向は次の通りです。

【買い手の目的】

① 売上・市場シェアの拡大　73.7%

② 新事業展開・異業種への参入　49.1％
③ 人材の確保　40.3％
④ 技術・ノウハウの獲得　33.1％
⑤ コスト低減・合理化　18.6％
⑥ 取引先や同業者の救済　14.7％
（複数回答）

【売り手のきっかけや目的】

① 従業員の雇用の維持　53.0％
② 事業の成長・発展　48.3％
③ 後継者不在　47.9％

④　事業や株式売却による利益確保　22.0%
⑤　事業の再生　18.6%
⑥　ノンコア事業売却による事業改革　4.7%
（複数回答）
出典：帝国データバンク「中小企業の事業承継・M&Aに関する調査」

買い手の目的としては、売上・市場シェア拡大、新事業展開など積極経営による企業規模拡大や事業の多角化を目指している姿が浮かんできます。

売り手の目的は、従業員の雇用維持や後継者不在といった事業承継関連が多いですが、その一方で事業の成長・発展といった成長路線を念頭に置いている経営者も多いことは重要なポイントです。決して守りの姿勢だけではないのです。

M&Aの類型

次にM&Aにはどんなパターンがあるのか。類型別に見てみたいと思います。

【事業承継型】

後継者不在の中小企業オーナーが選択するパターン。育て上げてきた企業の存続と発展のため、第三者に経営権を譲渡するものです。オーナー経営者に実の子どもがいても、その子どもが高学歴で医師や学者などになっていて家業を継ぐ意思がない。かといって事業を承継できる資金を用意できるような従業員もいない。そんなケースが想定されます。

【成長戦略型】

自社よりも大きな企業グループの傘下に入り、シナジー効果による成長を目指すパターン。黒字経営が続き、安定はしているけれども、現状のままでは成長、発展の余地が少ないと判断し、成長の土壌を求めて大きなグループの懐に飛び込むケースです。経営権は譲渡しますが、引き続き社長として経営に関与し続けることもあります。

【業界再編型】

大手資本の参入や同業他社乱立によるシェア獲得競争激化、価格競争激化、あるいは人口減に伴う市場縮小など、経営環境の悪化を独自には解決できない状況下で必然的に行われる再編劇に飲み込まれていくケースです。

【選択と集中型】

収益が上がっていないノンコア事業を切り離すことで、経営資源を収益事業に集中させるための外科手術的なケース。無駄をそぎ落とし、企業体質の強化を図っていく狙いがあります。

M＆A実施の障壁は何か

前向きな姿勢でM＆Aに臨もうとしている買い手の中小企業経営者にとって、初めてのM＆A案件は「言うは易く、行うは難し」でしょう。期待感が満ち溢れてくる一方で、本当にうまくいくだろうかという不安がどうしてもぬぐい切れないのも事実。M＆Aを実施するにあたって、買い手の経営者にとってどんな障壁があるのでしょうか。

帝国データバンクの「中小企業の事業承継・M＆Aに関する調査」によると、以下のような障壁が挙げられています。

①　相手先従業員等からの理解が得られるか不安　51・6％
②　判断材料としての情報が不足している　35・7％
③　期待する効果が得られるかよくわからない　34・6％
④　相手先（売り手）が見つからない　32・6％
⑤　買収資金の調達が困難　22・3％
⑥　仲介等の手数料の妥当性がわかりづらい　19・2％
⑦　自社従業員等からの理解が得られるか不安　18・7％
⑧　適切な相談相手がいない・わからない　15・5％

⑨　M&Aを進める社内体制の構築が困難　11.8%
(複数回答)
出典：帝国データバンク「中小企業の事業承継・M&Aに関する調査」

「相手先従業員等からの理解が得られるか不安」というのはもっともな話です。買収される側の従業員にしてみれば、M&A実施後に自らの雇用が守られるのかどうか、待遇面が下がるのではないか、新たな経営陣とうまくやっていけるだろうかといった不安が渦巻いているはずです。それだけに、M&Aを成功させるには、そうした先方の不安と猜疑心を事前に除去できるような準備が欠かせません。相手先の経営者、中間管理職から若手社員までの人柄や人間関係、社内の雰囲気などを察知し、M&A実施後の待遇などについて、できる範囲内でオープンに情報を提供することが必要でしょう。

「判断材料不足」「期待する効果が得られるかよくわからない」といった問題は、事前の徹底したデューデリと相手企業の経営者との腹を割った話し合いで解消していくしかありません。いつの時代でも情報不足は致命傷になりかねないからです。とことん調べてなお不安、疑問が残るようであれば、見直し、白紙撤回も考えなくてはならないでしょう。

M&Aの成否を左右する仲介会社選び

「仲介手数料の妥当性」については、確かにわかりにくい面があります。仲介会社も大手から零細までピンキリです。新しい会社がどんどん増えています。一般的に買い手が仲介会社や専門家に支払う手数料としては次のようなものがあります。

① 相談料

②　着手金

③　中間報酬

④　デューデリジェンス費用

⑤　成功報酬

⑥　リテイナーフィー（月額固定料）

もちろん、M&A案件の規模によって相場は変わりますので、相場観がつかみにくいのが現状です。着手金や中間報酬はM&Aが不成立になった場合でも返却されません。規模の小さな相手であれば、成立時に一定の手数料を支払うマッチングサービスも増えています。いずれにしてもM&Aは時間と手間暇、そして費用がかかるものだということを覚えておいてください。

中小企業庁は２０２１年に、中小企業が安心してM&Aに取り組める基盤を構築するため、M&A支援機関に係る登録制度を創設し、２０２４年８月時点で２７００件超のフィナンシャル・アドバイザー、仲介会社が登録されています。

この仲介会社選びがM&Aを成功に導くうえで重要なポイントになってきます。ネームバリューのある大手なら大丈夫だろうという先入観は捨てたほうがいいかもしれません。相手先企業が地方の小さな会社であればカバーしきれていないかもしれませんし、むしろ信用金庫やかつての第二地銀のような地場密着型の金融機関のほうが、中小・零細企業の経営者と通じていて、正しい情報を持っている可能性が高いからです。慎重な判断が求められるところです。

さらに言えば、前述の支援機関登録制度は、「中小M&Aガイドライン」の遵守を宣誓して申請すれば、原則として登録される制度であり、厳格な許認可制度とは異なります。それだけにサービス内容の一律性や質の向上が保障されているわけではないことに気をつけなければなりません。今後、M&A需要が一層高まっていく中で、この制度のさらなる厳格運用が求められるのではないでしょうか。

実際この数年、仲介業者をめぐるトラブルが頻発しています。こんな事例が報道されました。

〈茨城県などに拠点を置く法人グループが2021年以降、10社を超える仲介業者を通じて飲食店や建設業者など約30社を買収したが、多くの会社で資金繰りが悪化し、従業員の給与や取引先代金、融資返済、年金・税金などの遅延や未払いが多発している。買い手の法人グループの代表は行方が分からなくなっている〉（2024年5月）

この事例ではその後、買収された会社の元社長が仲介業者に対して損害賠償請求訴訟を起こしたといいます。M&Aの成約が第一でずさんな業務を行い、中立の立場を離れ、買い手側の利益を偏重する業者が散見されます。今一度、M&A仲介業者が負う善管注意義務に注目したいものです。そして、実際の仲介業者選びにあたっては、業者のサイトに掲載された実績を鵜呑みにするのではなく、法律事務所や税務関係者など第三者のアドバイスを受けて判断したいものです。

市場拡大で広がる日本のM&Aのゆがみ

日本の専門的なM&A仲介会社である日本エム・アンド・エーセンターが設立された1991年を国内のM&A市場の走りと仮定したとき、M&Aの市場規模は7倍に膨れ上がっています（参照：レコフデータ -MARR online「1985年以降のマーケット別M&A件数の推移」）。それに伴ってトラブルや事件が増加し、市場の統制のために経済産業省が中心となって「中小M&Aガイドライン」を策定。2021年8月から、M&A支援機関に係る登録制度を創設するなどして健全化を図っています。

しかしながら、急激に市場が肥大化したとき、法規制や業界の統制の不十分さからゆがみが生まれてくるのは世の常です。M&Aの買い手として多くのM&A仲介会社やその担当者と触れる中で感じることは、人材不足に伴う育成の不十分さや、業法がないことによる事業者の質の不均等、プレイヤーの知識不足による不案内なM&Aのプロセス進行などです。業法がないためM&A仲介会社の設立は容易で、大手企業で一定の経験を積んだ担当者が独立し、その抜けた穴を中途採用で埋めていくといった事態が起こっています。M&A業界は報酬がよいこともあり人が集まりやすいのですが、抜けては埋め、抜けては埋めを繰り返すことで、人材の成熟が阻害されています。そのため、大手のＭ＆Ａ仲介会社が絡んだ案件であっても安心して任せられる状態になっていないというのが、日本のＭ＆Ａ市場の偽らざる現実であると思います。

昨今起こったＭ＆Ａで多いトラブルとしては、個人保証の解除の不履行や、不適切なグループファイナンスの実施があります。中小企業が金融機関から融資を受ける際、経営者が個人保証人となることが一般的です。Ｍ＆Ａにより会社を売却した後も、個人保証が解除されない場合、売却後の会社が債務不履行に陥ると、元経営者がその債務を負担するリスクが残ります。あるケースでは、Ｍ＆Ａのクロージング後、売り手経営者が個人保証の解除を買い手に依頼しましたが、買い手は契約に基づく手続きを行いませんでした。その後、買い手が売り手企業の資産を流用し、必要な事業資金が不足。結果として、売り手企業は倒産し、元経営者が個人保証に基づく債務を負い、最終的に個人破産に至りました。ここ数年で起きた具体的な事例としては次のようなケースがあります。

【ケース1】

２０２１年11月に設立された東京都丸の内に本社を置くある投資会社は「異業種一体型企業として年商１００億円を目指す」という目標を掲げ、結婚式場、車両部品・輸入車販売、砕石販売、土木工事、農業法人など、多岐にわたる業種の企業を次々と買収していました。しかし、これらの買収の多くで深刻なトラブルが発生しました。具体的には、買収後に被買収企業の資金を親会社である投資会社に吸い上げ、従業員の給与や取引先への支払いが滞る事態が生じました。さらに、売り手企業の経営者保証を解除せず、前経営者に債務返済の責任が残るケースも多発しました。これらの問題により、被害を受けた企業は30社以上に上り、倒産に追い込まれた企業もありました。2024年9月に投資会社の役員2人が詐欺容疑で告訴され、警視庁が捜査を進めています。

【ケース2】

N社は、2017年の創業以来、技術力を持ちながら後継者不在に悩む中小製造業を積極的に買収し、延べ37社を傘下に収めてきました。同社は「ものづくりプラットフォーム」の構築を掲げ、事業承継問題の解決を目指していました。しかし、そのM&A手法には問題が指摘されています。買収後、子会社から資金を吸い上げる「M&A錬金術」とも称される手法を用い、子会社の資金繰りを悪化させるケースが報告されています。これにより、子会社の離脱や操業停止が相次ぎ、少なくとも5社が離脱し、3社が操業停止に追い込まれました。さらに、2023年11月には、社外取締役が同社の経営手法や法令違反の疑いを指摘し、訴訟を提起しました。

これらはまだ調査中・係争中の案件のため今後の経過を見守る必要がありますが、こうしたトラブルは増加しており、肥大化したM&A市場のゆがみを示すものであると感じます。本来であれば、売り手・買い手企業ともに事業成長を目指して行われるM&Aが、倒産という結果に至ってしまうというのは悲しい現実です。

これらの問題点として、一般的には個人保証の解除の手続き不備が問題視され、その確実な履行の徹底が経済産業省を中心に議論されています。しかし、買い手として関わってきたものとしては、法的な手続きの不備以上の課題があると感じています。その課題としては、①M&AのプロセスでのPMI(Post Merger Integration)意識の欠如、②買い手と売り手の情報の不均衡が挙げられます。

第1のPMI意識の欠如ですが、PMIは基本的に買い手企業が売り手企業をグループにどのように統合するかの議論となります。しかしながら、M&Aの初期段階において売り手・買い手企業双方がPMIを意識して議論することは少なく、そのほとんどは譲渡価格等のハード面の議論が中心になりがちです。ＰＭＩが意識されるのはよくて決済終わりのころや、決済後になるのが常です。ＰＭＩは実務的には、バックオフィスやガバナンス体制などの統合が主ですが、それとは別に企業理念や経営計画の売り手・買い手のすり合わせという面もあります。この理念的なすり合わせは、本来Ｍ＆Ａの初期段階でなされるべきであり、その不十分さがトラブルの原因になっているのではないかと考えています。売り手企業が、買い手企業がどういった事業計画を持っていて、どんな資金繰りで、どんな経営指針で事業展開しているのか、それらをまったく知らされていなかった、イメージできていなかったとしたら、買い手企業の動きが適切なのか不適切なのかを推し量ることが難しいのは当然でしょう。こうしたＰＭＩ意識の欠如による、売り手企業と買い手企業の情報の不均衡が次の課題となってきます。

M&Aの一般的な流れとして、ノンネームシートから企業概要書、デューデリによる企業調査へと段階が進むにつれ、売り手企業の情報は買い手企業に詳細に開示されていきます。しかしながら、その逆が行われることはあまりありません。ネームクリアの段階や双方の責任者間で行われるトップ面談の際に、いくらか情報がいくことはありますが、せいぜいホームページに載っている程度の情報や帝国データバンクなどの調査会社の資料までであり、売り手企業のように財務情報や組織体制、事業概要などをまとめて提示することはありません。仲介会社も知りうる情報源が同程度であるので、やり方によっては詐称する余地が出てきます。不動産の世界では地面師という有名な詐欺手法がありますが、M&Aでも買い手企業が素性を偽る余地はあり、残念ながらそれを見抜くのは簡単ではないというのが事実だろうと思います。

　こういった課題を見ていくに、今後のM&A市場が健全化していくためには買い手側・売り手側の情報の公平化が必要です。今後は、買い手側の企業も企業概要書を作り、ネームクリア後はそれを提示するような流れが必要になってくるかもしれません。仲介会社がフォローし、M&Aが適正に進むようフォローしているとはいえ、市場拡大に伴う人材の質の不安定さがある現実を踏まえ、売り手企業が積極的に買い手企業のことを知ろうと働きかけることは自己防衛となり、不適切なM&Aが行われるのを防ぐことにもつながると思います。

M&A成立後に必要不可欠なPMI

既に触れたように、M&Aの成功に欠かせない重要なプロセスとしてPMIが挙げられます。ポスト・マージャー・インテグレーション。M&A後の統合プロセスを指し、経営統合、業務統合、意識統合の3段階からなるものです。M&A後の統合効果を最大限のものとするためのプロセスで、実は最も重要なカギを握っているといってもいいでしょう。

経営統合は理念や戦略、マネジメントフレームの統合、業務統合は業務・インフラや人材、組織拠点などの統合、そして意識統合は企業文化や企業風土の統合です。

PMIの取り組み方次第でM&Aの帰趨が決まるといっても過言ではありません。それほど重要なプロセスであることを肝に銘じてください。PMIを成功に導くためのカギは3つあります。

① 指示系統がはっきりしているトップダウン型による基本方針提示
② 社内の統合準備室・統合推進室を中心にした検討体制の整備
③ マスタープランの作成と実践的な運用

PMIの推進には社内のコンセンサスを一体化させていくことが欠かせませ

ん。

さて、ＰＭＩを実施するにあたっての課題はどこにあるのでしょうか。帝国データバンクの「中小企業の事業承継・Ｍ＆Ａに関する調査」によりますと、次の課題が浮上しています。

①自社従業員と相手先従業員の一体感の醸成　50.3％
②相手先従業員のモチベーション向上　47.2％
③相手先の事業収益の改善　33.2％
④経営統合作業に充てる人員の確保　25.3％
⑤設備や人材育成等の投資に充てる資金の確保　13.9％

⑥自社と相手先との業務分担の見直し　9．5％
（複数回答）

出典：帝国データバンク「中小企業の事業承継・M&Aに関する調査」

やはりカギを握るのは従業員です。まったく異なる企業同士が一緒になって事業を進めていくうえで、それぞれの人材がフルに能力を発揮できるような経営環境を整備することが一番重要だということです。いくらAI全盛の時代になろうとも、人なくして企業は存在できません。それだけにM&A成立前の段階から、相手先の企業文化、従業員の人柄や価値観を可能な限り把握しておき、入念な準備と対策を講じておくことが大切です。

Ｍ＆Ａの流れを追う形で今の日本の中小企業社会におけるＭ＆Ａの現状と課題について触れてみました。中小企業のＭ＆Ａにおいては経営者、従業員の意識も、支援組織の制度もまだまだこれからというのが実態といっていいでしょう。年間４０００件以上のＭ＆Ａが成立していく現状に、意識や制度が早く追いつかないと各地でトラブル続出といったことになりかねません。

Ｍ＆Ａを取り巻く環境を一日も早く完全に近い形にしていくことは、Ｍ＆Ａによるシナジー効果や新規事業参入などによる生産性の向上、さらには地域経済活性化という恩恵を通じて日本経済の再生にもつながっていくはずです。今後の動きに注目していきたいものです。

第3章

M&A実例の数々

この章では、M&Aの実例として参考になるケースを紹介していきたいと思います。中四国エリアでM&Aの仲介事業を幅広く展開し、多くのマッチング実績を重ねているクレジオ・パートナーズが手掛けられた事例と、みどりグループの事例を取り上げます。

クレジオ・パートナーズM&A事例

【譲受企業】ロイヤルコーポレーション（広島県広島市）
事業内容：自動車学校等教習事業・醤油醸造 等
【譲渡企業】共楽堂（広島県三原市）
事業内容：菓子製造業

コングロマリット化で100億円グループを目指す自動車学校等教習事業会社と菓子製造会社の組み合わせ

後継者不在だった共楽堂が、事業多角化・拡大を図るロイヤルコーポレーション（以下ロイヤル）に事業承継した事例です。

ロイヤルの現在の主な事業は自動車・クレーン・船舶等の教習事業です。広島市、福山市で開校している自動車学校は年間約8000人の卒業生を送り出し、広島県内においてトップシェアを誇っています。クレーンの卒業生は約3万2000人、小型船舶等は東京をはじめ、名古屋、大阪、広島、福岡などで展開し、卒業生は約9300人となっています。意外なのがこの会社の祖業です。元々は1887年に福山市で現社長の曾祖父が立ち上げた醤油醸造会社です。現在、グループ内に醤油醸造の寺岡有機醸造（福山市）と、農業生産法人の寺岡有機農場（世羅町）があります。

ロイヤルは2025年4月にホールディングス体制に移行することを目標としていると公言しています。2030年までにグループ売上高100億円を目指し、目標達成にはM&Aが有効だと捉えているようです。

共楽堂とのM&Aについて、ロイヤルの寺岡晋作社長はこう話されています。

「これまでの展開が当社とよく似ていたこともご縁と感じました。共楽堂が展開するお菓子は、品質にこだわる高級志向で、東京の催事場販売で評価を得て、地域でも広がったと聞きました。我々の有機醤油や有機野菜も同じです。高級路線で展開し、東京で評価を得ることで、地域でも評価されることにつながりました。また、共楽堂のコンセプトである「旬果瞬菓（しゅんかしゅんか）」は、旬の果物や野菜などを使い、その瞬間を輝くお菓子を作りたいというこだわりから生まれた言葉と聞き、さまざまなシナジーのイメージが浮かび、企業文化も似ているんじゃないかなと思いました」（クレジオ・パートナーズHPから）

譲渡企業である共楽堂は1933年創業の老舗です。芝伐社長の祖父が三原市で菓子製造業を始めたのがルーツです。比較的高級な菓子を地元中心に展開していました。芝伐社長の父親が事業を継がないと意思決定されたとき、祖父が事業をやめると言い出され、当時東京にいた芝伐社長が事業承継を決意されたそうです。

共楽堂が最近力を入れているのは濃厚なチョコレートの焼き菓子「広島チョコラ」。東京での販売が中心でしたが、2011年の東日本大震災で被災地の方々の地元復興の活動ぶりを見て、芝伐社長が広島を代表するお土産をつくろうと決意して生まれたお菓子です。

そんな芝伐社長がM&Aを考えはじめたのは2016年頃。親族に後継者がいない中、一時は従業員への承継も考えられたようですが、M&Aが有効な手段との考えに至り、ロイヤルとの縁が生まれたとのことです。

M&Aを経て、芝伐社長は新たな責任を感じるとともに、信頼できるパートナーを得たことへの可能性も感じていらっしゃるようです。既に現場からは醤油とお菓子をコラボレーションさせた新商品開発の提案もあり、具体的な議論に進んでいるとのこと。両者の思いがいい形で結実した事例と言えるでしょう。

みどりグループM&A事例①

吉谷

事業内容：消防・防災・環境の資機材と設備の販売施工及び保守点検

本　　社：島根県松江市　　資 本 金：4000万円

代表取締役社長：長見 秀男

事業承継に悩んでいた、島根に本社を置く消防機器販売・施工・メンテナンス企業

みどりグループとして初めてM&Aを実施したのは2012年、島根県松

江市に本社を置く、消防機器の販売、施工、メンテナンスを手掛ける吉谷（よしたに）でした。

きっかけは地元銀行からの紹介。鳥取市に消防ポンプ自動車・消防用機械器具の製造・販売を行う吉谷機械製作所（１９２７年創業）という会社があり、その販社として分社したのが吉谷でした。１９５１年に吉谷ポンプ営業所として松江市で創業しています。島根、鳥取を中心に消防ポンプと関連商品の販売サービスからスタートし、１９５２年には消火器の販売も始めました。その後、増資を重ね、１９７６年には資本金１０００万円の企業となっています。

1996年に株式会社に組織変更し、資本的にはすでに吉谷機械製作所からは完全に離れていました。M&A実施前の2008年度の決算報告書をみると、資本金は1000万円、売上高約4億3000万円、純利益302万円という経営状況で、大きな成長はないものの、堅実に黒字経営を続けている企業という印象でした。

吉谷の当時の社長は大谷公夫さんという方で、70歳を超えて後継者問題を抱えていらっしゃいました。後継者難による典型的な事業承継困難のケースです。経営状況や財務体質からして、休廃業するような会社ではありませんでした。大きな成長はしていませんでしたが、安定的に収益が出ている優良企業でした。ただその当時、親族にも後継者を見つけることができずに悩まれていたのです。そんな状況を伝え聞いたM&A仲介会社の担当者が大谷さんに、事業承継の手法を持ち掛けられました。

当時は、M&Aについて世間的にも認知されておらず、金にものを言わせて買い取るとか、身売りといったネガティブな印象がまだありました。大谷社長は、島根県内で事業だけでなく社会奉仕活動などを幅広く手掛けてこられた方で、島根財界では存在感のある方でした。そういった背景もあり、同じ経済圏の企業には売却したくないという思いが強く、その意向を汲んだ仲介会社が中国エリアの経済に通じている地方銀行に相談を持ち掛け、広島県、山口県、岡山県の数社をピックアップして先方に伝えられました。その中の一社に当社が含まれていたということです。

幸い吉谷の経営基盤がしっかりしていたので、話はスムーズに進みました。当時、大谷社長の下に伊藤康晃さんという専務がおられて、社歴は30年以上になる大ベテランでした。社長の右腕として仕事は1から10まですべて対応されていた方でした。そういう状況もあり、M&Aを契機に大谷社長が経営の第一線を退かれても会社の運営に関しては問題ないという判断をしました。結果的に2012年10月に吉谷はみどりグループに入り、みどりホールディングスと資本業務提携、その時点で大谷社長が退任し、伊藤専務が新たな代表取締役社長に就任しました。

直近の吉谷の業績ですが、資本金は4000万円まで増資しました。2013年には広島支店を設置して、業界の慣習にも則りながら、広島県内でも事業展開しています。今では売上が8億円台に増え、従業員も少し増えています。

また、吉谷の社員から一人、みどりグループの第一ビルサービスに出向という形で来てもらい、2年間ビル管理業務の実務を学んでもらいました。その後、その社員は島根に戻りましたが、第一ビルサービスにとって山陰初の拠点となった島根でビジネス展開をしていってもらうことになっています。そういう意味ではみどりグループにとっても吉谷にとってもWin-Winの関係が構築できています。

吉谷にとっては、M&A実施前までは新規参入も少ない業界である程度シェアが固まっていたので、少し停滞感のようなものがあったかと思います。新たな資本が入って経営体制が変わるということで、それまでにない刺激になったことでしょう。期待感や高揚感が随分と生まれたという話を聞いています。事業発表会や中間報告会などで、グループ各社が年に数回集まりますが、自社の実績や方向性を発表する機会が増え、良い意味での競争心も芽生えているようです。

後継社長の伊藤さんは、グループの他の事業会社の社長たちともうまく連携し、情報を共有しながらやってくれました。お互いが頼りになる、支えになるという信頼関係がグループ内に築き上げられてきました。中小企業は、単体では集められる情報量が限られていますし、資金量にも限界があります。

そういう意味でも、グループ内で支え合う関係性ができるというメリットは大きいでしょう。

その後、2019年に伊藤社長は後継の長見秀男社長にバトンを引き渡しました。事業会社の社長の定年は65歳と内規で決めています。伊藤さんには会長になっていただき、後任として長見社長を推薦してもらいました。長見さんはもともと地方銀行の部長をされていた方です。スポーツマンで今もサッカーを続けられていますが、スポーツマンらしく社内でもリーダーシップを発揮して現場を引っ張ってくれています。

あらためて振り返ってみると、M&Aを進めるにあたって当時の大谷社長は、当社の前に既に何社かとお話をされていましたが、社風や社員のことなど、しっくりとくる会社との出合いがなかったようです。経営者としてある程度理解しあえれば、早く譲りたいという意向をお持ちだったと聞いています。そういう状況で当社との話が持ち上がり、交渉を始めてみると社員研修で使っているコンサルタントがたまたま一緒で、社内の研修システムがすごく似ていたのです。社風や社歴も近いものがあり、これもM&Aの推進力になったかもしれません。

最初の面談時の雰囲気も良く、デューデリでもほとんど瑕疵は見当たりませんでした。その後のPMIもいたって順調に進みました。大谷社長が、M&Aを通じて事業承継を進めていくにあたり、金額だけではなく、社員の雇用や待遇、そして会社の事業そのものを残していきたいという思いが非常に強かったからです。経営者としての社員に対する思いがひしひしと伝わってきましたし、共感しました。そこがM&Aがスムーズに進み、成功した最大の理由だと感じています。

その当時の、吉谷の従業員の思いは……

吉谷の社員は当時、どのような思いでM&Aを受け入れたのでしょうか。吉谷の犬山次長に話を聞きました。

――M&Aを初めて知ったのはいつでしたか？

犬山：当時、私はまだ係長で、ある休日に大谷社長から呼ばれましてね。慌てて駆け付けたら、みどりグループさんとのお話でした。M&A成約の3カ月ぐらい前のことでしたね。

犬山次長　浜田リレーマラソンにて
左が本人、右は坂根紳也・第一ビルサービス社長
（第一ビルサービスはみどりグループの中核企業）

――どんな思いを抱かれましたか。

犬山：そもそもM&Aって何だろうというところからスタートしましたが、現実は

トントン拍子に話が進んでいきました。印象に残っているのは当時の大谷社長と杉川社長の面談の前に、若手の代表ということで私と、設備関連の係長、総務係長が先に面談させていただいたことですね。

――現場の若手の意見を聞こうという姿勢が伝わってきます。M&Aに対する社内の受け止め方はいかがでしたか。

犬山：もう、まったく何の話をされているのだろうという感じでしたね。業績がすごく下がったわけでもないのに、なぜ？　というのが正直な受け止めでした。さらに、自分たちは島根の会社で、ずっとこの地でやってきました。広島の会社に経営権が代わって大丈夫なのだろうかという、一抹の不安はありました。

——当時、社員は何人ぐらいいたのでしょう?

犬山：20人強でした。

——待遇の変化に不安はなかったですか。

犬山：その心配はなかったですね。私たち社員のことを第一に考えてくれましたので、M&Aで辞めた社員は一人もいませんでした。ただ、みんな疑問だらけで、どんな社長さんなんだろうか、何が起きるんだろうか、と期待と不安が入り混じった状況で様子見の日々が続きました。

——PMIという統合に向けた交渉も順調でしたか。

犬山：本社の社員の方が何度か来て説明していただいたので、なじんでいくのは速かったですね。10月ぐらいにはみどりグループの杉川社長と専務、そして当時の本部長が島根に来られて、吉谷は本部長が見るような形で進めていくと。その後のいろんな会議にも参加していただいて、今後の方向性についても突っ込んだ議論をさせていただきました。

――その結果、広島市内に吉谷の支店が置かれることになりました。スタッフはどうされたのでしょう？

犬山：本部長が広島支店長で、私がサポートするという形で営業展開をさせていただきました。最初は、島根と広島を行き来しながらのスタートでしたね。

――広島での営業はいかがでしたか。大変だったのでは？

犬山：思った以上に大変でした。島根ではどこでも吉谷の名前が通用しますが、広島ではまったくの無名なんです。そんな会社が急に来たところで、どの消防局などに行っても相手にされませんでした。そんな状況が1年近く続きました。入札でも価格が島根とはまったく違い、これじゃあやっていけないなという感じがありましたね。

――支店の営業が軌道に乗ったのはいつごろからですか。

犬山：5年目ぐらいからでしょうか。みどりグループの方々とも会食などでお付き合いをさせていただく中で、どんどんシナジー効果が出るようになっていきました。第一ビルサービスが管理しているビルの小規模修繕をするようになったり、装備品の販売をしたり、ということが5年目から始まりました。

——Win-Winの関係になったわけですね。

犬山：そうですね。

——待遇面などについて伺います。M&A直後から給料や福利厚生など、待遇面で変化はありましたか。

犬山：基本的に給与形態をみどりグループの水準に合わせるというような感じではなかったので、それまでの吉谷の水準で続きました。ほぼ現状維持でしたね。

――M&A成立で、第一ビルサービスをはじめとするみどりグループが島根に進出するということになりましたが、当時の島根での経済界の反応はいかがでしたか。

犬山：ビルメンテナンス関連業界の方々にとっては、広島からビルメンテナンスの企業が進出してくるということで脅威だったようです。島根はまだまだ保守的なところがありますから。ただ、実際にはそれほど大きな拒否反応はなかったですね。

――M&Aから12年。結果としてどう受け止めていらっしゃいますか。

犬山：広島県内で実績がどんどん上がってきています。消防自動車も販売できるようになってきましたので、利益はそれほど大きくなくとも売上は着実に上がっています。

――今後の抱負についてお聞かせください。

犬山：グループのシナジー効果をさらに高められるような仕事を進めたいですね。グループ企業の若い方から中核の方々まで積極的にコミュニケーションを取り、業務の幅を広げていきたいと考えています。現在は九州にもグループ企業があり、可能性はどんどん広がっていると思います。グループのシナジー効果を最大化できるように取り組んでいきたいです。

みどりグループM&A事例②

山口調理機
事業内容：業務用厨房機器、食品製造機械販売
本　社：山口県防府市　　資本金：5600万円
代表取締役社長：歳弘 真悟

みどりグループと山口の厨房機器販売企業とのシナジー効果

2018年にグループ入りした山口調理機は山口県と島根県の一部、広島県の一部エリアで大型の厨房機器などを販売しています。M&Aの話は仲介会

社からいただきました。みどりグループにエポカフードサービスという病院給食や保育園給食を手掛ける会社があり、シナジー効果が出せるのではということで話を進めました。

みどりグループの本業にあまり近くないということもあり、M&Aを進めるにあたって重要だったのは後継の経営ができる社長がいるかどうか、という点でした。当時の社長さんと面談をしたところ、「大丈夫です。ちゃんとした人材がいますから安心してください」とのことでした。ここも吉谷と同じく、会社、経営者の社員への思いがひしひしと伝わってくる会社でした。

経営環境的には、市場における競争もそれほど激しくはなく、地域に根付いて仕事をしている会社でした。ただ、安定感はあるものの、成長性となると厳しい、そんな状況でした。

山口調理機はもともと、日本調理機（東京都大田区）というメーカーの山口支店を継承してできた会社です。今は日本調理機以外のメーカーの製品も取り扱えるようになり、山口県では最大手の厨房機器取り扱い企業となっています。社名に「山口」と付いていますが、みどりグループ入りしたことで、広島にも進出しようと準備をしているところです。

山口調理機は、たとえば給食センターの入札に応募して落札するといった受注ケースが多く、固定売上の比率はそれほどありません。大きな仕事があればそのぶん利益が出るのですが、それも数年に一度というような、浮き沈みのある会社でした。そこで最近は可能な限り、厨房機器の定期点検に力を入れて、固定的な売上増につながるようにしています。先ほどのメンテナンス重視の手法もそうですし、売り切りだけではなくリースのような感じで、ビジネス手法を変えながら安定的な売上が見込めるビジネスモデルを構築しているところです。

M&Aを行った当時の社長は、創業家の親族ではなく、経営権を持ち続けることへの執着も強くはありませんでした。ある程度業績は復調してきたけれど、ご自身の力ではこの辺りが限界ということで、将来へのさらなる成長と社員のためにM&Aを意識して、仲介会社に相談をされたようです。M&

A後は、山口調理機に中途で入社して活躍していた歳弘さんという方が後継の社長になり、社員の雇用も維持して経営を続けています。

おもしろいシナジー効果も少しずつ表れてきています。まだ具体的な形にはなっていませんが、グループ間での新たな取り組みも生まれつつあります。たとえば、吉谷では小型のポンプ車を製造していて、ベースとなる車を仕入れてそこにポンプを載せるのですが、その技術を生かしてキッチンカーの製造に取り組んだらどうかということになりました。キッチンカーの需要がにわかに高まったことも背景にあります。吉谷がベースとなる車を製造し、山口調理機がその車体にセットする厨房機器をつくる。これは、吉谷の社長と山口調理機の社長が、グループ内の集まりで話をして生まれたアイデアです。

まだ試行錯誤の段階ではありますが、こういう取り組みが自主的に出てきているところにもM＆Aのメリットを強く感じています。

みどりグループM&A事例③

岡山三共アメニティ
事業内容：白アリ防除、床下換気・点検
本　　社：岡山県赤磐市　　資本金：1000万円
代表取締役社長：細越 秀範

ビルメンテナンス会社がシロアリ駆除会社とM&Aをした理由

岡山三共アメニティは1976年に創業したシロアリ駆除を行う会社です。

専門的な話になりますが、私たちビルメンテナンス会社にとって、害虫駆除というと対象はネズミとゴキブリで、材木につくシロアリはビルにはいないため対象にはなりません。一方、岡山三共アメニティはシロアリ専門ですから、営業対象はもっぱら木造の戸建て。駆除の対象も営業の対象もまるで違います。

営業対象も地域も違う会社とのM&Aをなぜ進めたのかとよく聞かれます。最初に仲介会社からお話をいただいた時は、たしかにどうかなと正直思いました。ただ、業界の方にお話を伺ったところ、害虫駆除とシロアリ駆除というのは基本的にはやることが一緒ということでした。防護服を着て薬剤を撒いて駆除する。工程的には何ら変わらない。であれば、岡山三共アメニティの中に、ビルメンテナンス部門、害虫駆除部門をつくりさえすれば、岡山県内でのペストコントロールオペレーション（ＰＣＯ：害虫駆除事業者・従事者）として受注できますし、ＰＣＯは営業エリアの制限がないので広島に支店を出せば、広島でも事業展開できるかもしれない。そういうことでＭ＆Ａを進めました。

この会社のＭ＆Ａ実施の理由は後継者難でした。お話をいただいた当時のオーナー社長がご高齢で、そろそろ引退したいというご意向でした。ただ、身内には後継者がいないということで、仲介会社に相談されたことがきっかけでした。

M&Aを進めるにあたっては、岡山三共アメニティには、伊藤誠明さんという実務を取り仕切ってきた部長さんがいましたので、彼を常務に引き上げました。会長は私が引き受け、社長はみどりグループから人材を送りました。伊藤さんには常務として2、3年やっていただき、ある程度全体がコントロールできるようになったら社長に就任してもらおうということでスタートしました。

これまではシロアリ駆除ということで個人市場を狙っていましたが、今後はそれだけでなく、害虫駆除ということでもっと大きな市場を目指していきます。そのためには従事者が取るべき資格なども変わってきますので、まずはそうした面をクリアして社内体制を強化していきます。2、3年後にはビルを含めた市場も併せて事業を拡大していきたいと考えています。

今後の市場環境を見ると、人口、世帯数ともに減っていくことが確実ですから、戸建て市場は縮小していくことになるでしょう。シロアリ駆除だけでは先細りは目に見えています。岡山三共アメニティのオーナーもその点を大いに危惧されていました。今後はネズミやゴキブリなどの害虫駆除の体制を強化することで事業を拡大していき、中四国を対象エリアとする会社としてやっていきたいと考えています。

みどりグループM&A事例④

大和建設
事業内容：総合建設業
本　社：福岡県久留米市　　資本金：7300万円
代表取締役社長：渡辺 昌宏

福岡県の老舗建設会社とのM&A

福岡県久留米市の総合建設会社・大和建設とのM&A（2022年）はいろいろな意味で特徴的でした。一つはそれまでの買収企業の大半が売上高

10億円ぐらいの会社でしたが、大和建設は当時で27億円とみどりグループでは売り上げ規模の大きな会社でした。そして、初めて商圏が九州の会社だということです。

この会社の場合も、後継者候補はいたのですが、まだ若くて地元財界を相手に切り盛りして、さらに経営基盤を強化していくにはいささか不安があったのです。そこでM&A仲介会社の提案に耳を傾け、みどりグループとの話につながったという経緯があります。前身の渡辺組は創業が1907年という老舗です。大和建設は1956年に設立された70年近い歴史を持つ地場の建設大手で、渡邊家が代々オーナー経営者として切り盛りしてきました。M&A当時の実質的なオーナーは会長の渡邊一生さんでした。2020年に、いとこのお子さんである、親族の渡辺昌宏さんが社長に就任したのを機に会長職に就き、若い社長をバックアップされてきたのです。

会長さんは4代目に当たる方で、人柄が良くてまさに良家のお坊ちゃまの良いところだけがあらわれている、そんな感じの人物でした。久留米はブリヂストン発祥の地で、地元財界でのいろいろな付き合いがあります。そうした観点から見ていくと、若い社長一人だけの力では、これまでのような横断的な付き合いや、さらなる発展につながるような経営革新は難しいという判断をされたのでしょう。ただ、みどりグループとしてみると、久留米はやはり遠いというイメージがありましたし、会社の規模も歴史も買収額もそれまでとは大きく異なっていましたので、M&Aは大変かなという思いが正直ありました。

その一方で、当社である企業のビル管理をさせていただいていて、それまで中国地方のビル管理はすべて任されていたのですが、九州でもやってほしいということになり、九州に拠点があれば助かるという状況でした。そこで、話を聞いてみようということになり、進展していったのです。

大和建設の社内に反対論はなかったのですが、幹部の方たちをはじめ社員の方々に将来に対する不安はあったようです。実際、広島の会社が福岡（久留米）の会社を買収したということで、「あの大和建設が広島の会社に買われた」と地元では経済ニュースのトップ記事になりました。大和建設の取引先やお客様からは、今までのような継続的な取引ができるのか、という問い合わせもありました。大和建設は無借金経営で、売上が30億円近くあり、純資産も10億円ほどある優良企業でした。それでも買収されるとなると、さまざまなネガティブな情報が飛び交ったのも事実です。それが地方におけるM&Aの実態でした。

その後、同じ社長が続投し、取引先もすべて同じような形で受けていただいています。やっとM&Aが根付いてきた印象で、地元財界の受け止め方も好意的になってきています。

相互の交流も活発化しています。社長や幹部の方には広島に来てもらうようにしていますし、こちらも忘年会や会合があるたびに久留米に足を運んで交流を増やしています。２０２３年、みどりグループが創業60周年を迎え、記念に社員旅行を実施しました。そこに大和建設の社員の方にも参加いただいて、他のグループ企業の社員の方たちと交流を図ることができ、一体感の醸成につながっています。

シナジー効果としては、やはり九州に拠点ができたことは大きいです。天神の再開発が進む福岡や、世界的な半導体企業であるＴＳＭＣが進出した熊本など、いま九州経済界はものすごく活気があります。民間の資金やノウハウを生かして民間主導で公共事業を行うＰＦＩ（プライベート・ファイナンス・イニシアティブ）という手法がありますが、九州での実績と信用がある大和建設をキーステーションとして、福岡や熊本などでPFI事業を展開していくことも可能で、そういう話も出はじめています。

大和建設の中に第一ビルサービス（みどりグループ）の福岡営業所を出して、大和建設と第一ビルサービスでJV（ジョイントベンチャー）を組むといったケースがこれから増えてくると思っています。10年後ぐらいには、大和建設が中核となって、九州にある程度の企業群ができればと考えています。久留米は、福岡県では西端にあたる地域ですが、佐賀、熊本や鹿児島には近く、九州で事業を展開するには絶好のエリアとも言えます。東南アジアの窓口としての発展が期待される福岡をはじめとする九州エリアでの今後の地盤強化、事業展開に大いに期待しています。

みどりグループM&A事例⑤

山電
事業内容：一般電気工事、計装工事、自動制御設備保守メンテナンス
本　社：広島市西区　資本金：2000万円
代表取締役社長：山科 秀人

26歳で起業、一定規模に成長するも限界を感じ、さらなる飛躍を求めてみどりグループに参画

山電という社員12人の電気工事会社もグループに入っています。この会社は

それまでのM&Aとはパターンがまったく違いました。他の会社は創業して50年、60年という老舗が大半でしたが、山電は設立が２０１４年と若い会社です。社長は37歳。２０２３年、みどりグループに入りました。元々、山科社長は学校を出た後に、電気工事会社に就職しました。ところが26歳の時にその会社が傾き、まわりの方から押されて会社をつくったのです。ほとんどゼロからの状態で山電を設立し、売上規模６～７億円の企業にまで育て上げました。

ところがその後、売上が頭打ちになってしまいました。会社の業務のすべてをほとんど彼ひとりで見ていたのですが、バックオフィスがまったくといっていいほど機能していなかったのです。彼としては、年間売上20億、30億円の、広島で一番大きな電気工事会社にするという夢を持っていました。ですが、このまま独力経営でいっても限界があると気づいたのでしょう。そこでM&Aの事例を研究し、実はM&Aこそがさらなる高成長を可能にするツールだということに注目し、仲介会社に相談をしました。そこでみどりグループとの接点ができたのです。当社が山電の株式を100%買い取り、山科さんはそのまま会社に残って社長を続けています。

みどりグループの第一ビルサービスでは電気工事に関わることが多く、山電とはシナジー効果が高い。ある時、当社が四国で保有しているビルの空調をすべて取り換える大規模な工事が必要になりました。当社の不動産担当が地元のメーカー系列の工事会社に見積りを取っていたのですが、山電にも声を掛けてみようということになりました。山電は仕入れが得意で、結果的にはメーカー系列の見積りよりもかなり費用を抑えることができました。山電にもしっかり利益を残すことができ、お互いにメリットが生まれたのです。これはグループに入ったことで生まれたシナジーです。こうした成功事例ができたことで、当社が管理を任せていただいているビルの空調関連工事に関しても、山電への発注をお客様に自信をもってご提案できるようになりました。まさにＷｉｎ‐Ｗｉｎの関係だと思っています。また、これまでは広島を中心に、四国エリアの一部を範囲としていましたが、グループ会社とも情報共有しながら、今後は九州も含めて展開していきたいと思っています。

山電は事業拡大に向けた新たなパターンのＭ＆Ａの成功例となっています。

後継者不在、事業承継というM&Aの大命題に、新たな選択肢が加わりました。実際、最近はM&Aの相談を受ける中で、40-50代の経営者の方が「さらなる発展」を目的として挙げられるケースが増えてきています。それだけ中小企業の経営者は常に不安にさいなまれているということでしょう。だからといって、大企業を相手としたM&Aとなると自社の存在感がなくなってしまう。その点、売却によってさらなる成長を考えている企業にとっては、事業対象もエリアもある程度限定しているみどりグループの規模感は安心材料になっているのではないかと思います。

26歳で起業した山電の山科社長が売却を決意した理由

――若くして起業し、会社を成長させてきた山電の山科社長。さらなる成長のために売却するという決断をした理由を聞きました。

山科：26歳で起業しまして、右肩上がりで成長してきたのですが、ちょうど10年経った時に、いろいろな不安や課題が見えてきました。マネジメン

山科社長　山電本社にて

ト能力が不足していた点など、この10年間でいろいろ経験し、ちょっと立ち止まって見つめ直してみたんです。社会経済も不安定な状況で、働き方改革が進む中で成熟産業である電気工事業においての働き方改革をどう推進していけばよいのか。その難しさをすごく感じていました。

そうした中で、当社も買い手側としてM&Aは何度も試みました。うち2件はトップ面談までやったのですが、なかなか合意にまで至ることは難しく、会社として発展していく過程で、逆に売り手としていいパートナーを探すことが成長戦略の一つになると考えはじめるようになったのです。そうした時期にみどりグループさんとご縁がありました。

M&Aにあたっては、他にも2、3社お話はあったのですが、正直、もう直感的なところで、みどりグループさんなら自分も思い切って挑戦できると思い、会社も成長できるんじゃないかということでお話を進めさせてもらいました。やはり将来の成長を考えてのことでしたね。当時の私は攻めの経営ばかりで、守りの部分が全然できていなくて。そこに気づいたことが大きかったです。会社としては良い評価をしていただけたと思っています。ただ、まわりからは〝身売り〟とか〝裏切り〟などといった厳しい言葉をかけられることも正直ありました。

グループ入りは順調でした。他社の事例では、子会社になると自由に動きにくくなるとか、意志とは違うことをやらされるという話も聞いていたので、どうかなという思いは多少ありましたが、杞憂でした。過去にM&Aを何件も成功させてこられた安心感も大きかったですし、グループ入りしてからも自由に事業をさせていただいていることはありがたいと感じています。立場はもちろん変わりましたが、経営者としてさらに大きなステージで会社を引っ張っていくという意味では、自分にとってもチャレンジですし、身の引き締まる思いで新たなスタートを切ることができました。

M&Aから1年が経ちましたが、おかげさまで充実した日々を送っています。今期は過去最高の売上高でしたし、グループ内での連携も深まってきました。元請けとしての受注も増えていますので、技術力、提案力とともにレベルアップして、より収益を上げられる体質へと進化させていきたいと考えています。

第4章

M&Aを成功させるための流れと重大ポイント

相手を尊重し、地域を活性化させるM&A手法

M&Aを成し遂げようと思ったら、入念な準備と緻密な調査、相手の信頼を勝ち取る交渉術、そして両者の従業員たちへのリスペクトが欠かせません。オーナー経営者が、創業者利益目的で自分の会社を売り払うことだけしか考えていないようなケースは例外です。多くは事業承継や他社とのM&Aによるさらなる会社の成長発展を願っての行動です。そうなると仲介会社の見極め、情報収集から慎重に事を進めていかなければなりません。

ひと口に仲介業者と言っても、実態はさまざまです。そして、一つの会社でも業種やエリアによって担当者が異なるので、それぞれの人たちとコミュニケーションを図ったうえで、仲介業者からエリアごと、業種ごとに買い手候補が複数示された概要版を提示してもらいます。その時点で、たとえば売り手企業にしてみれば、従業員の雇用環境は守られるのかどうか、相手企業とシナジー効果が出そうかどうか、グループ入りすることでお互いが成長できそうか、といった見極めを行うわけです。

売り手、買い手双方にとって最も重要なトップ面談

M&Aを進めていくうえでの最大のポイントは相手方トップとの面談です。これまでの経験例で言うと、面談までの期間はおよそ1カ月。一般的には、まず取締役会でトップ面談の可否を諮るので、そこまでで約1カ月。それから日程調整をして2カ月以上はかけているのではないでしょうか。

繰り返しになりますが、売り手企業にとっても買い手企業にとっても一番

重要なのはトップ面談です。お互いの想いを丁寧に伝えることで、M&Aを決断した真意、今後の経営方針などの相互理解が進むことが大事です。面談の主なポイントは企業経営者同士としての相性と、会社に対する想い、社会との向き合い方、従業員に対する接し方などです。

売り手企業の経営者にしてみれば、売却後に従業員がどんな扱いを受けるのか、これまでの事業がどうなるのか、新たな事業展開は可能なのか、シナジー効果はあるのかなど、気になる点が山積しているはずです。その見極めを限られた面談時間の中でどう行うのか。経営者として力量が問われるところです。その意味でも、間を取り持ってくれている仲介会社が事前に最低限必要な有益情報をどこまで提供してくれるのかもポイントになります。

M&Aの交渉としては、両社で大筋の合意が得られた時点で、譲受企業（買収側）が意向表明をすることになります。「当社としてこういう思いでM&Aを進めたいと考えています」「こういう形でシナジー効果が出そうです」「買収金額はこれぐらいを考えています」といった点を出すわけです。

もちろん、売り手企業に選択権がありますから、買い手の意向表明を検討したうえで、結果的に売り手側が売却先候補を数社に絞り込みます。そこから買い手側による詳細なデューデリの作業に入っていきます。

その値付けは誰のため？　何のため？

M&Aを行っていて一番大きな争点は、譲渡企業の価値を決めるバリュエーションになります。売り手側にとっては、今まで自分が経営してきた会社の通信簿のようなところもあり、また創業者としての利益確保という点もあり、できれば良い譲渡価格が提示されることを望むことになります。買い手側は、事業投資でありますので今後の事業シナジーやその会社自体の収益性から回収可能性を考えながら、適切な譲渡価格の提示をしていきます。M&Aで企業価値を算定する方法は複数あり、それらから客観的に導き出されるものでもなく、参考値にしながら、交渉の末に最終の譲渡価格が決定されます。

一般的にM&Aにおける企業価値の算定には、①コストアプローチ ②マーケットアプローチ ③インカムアプローチの3つの方法がとられます。それぞれの概略は以下の通りになります。

①コストアプローチ
コストアプローチは、企業の純資産価値に基づいて株式価値を評価する手法です。特に以下の方法があります。

・簿価純資産法：企業の帳簿価額を基にした純資産価値を評価しますが、

市場の変動や企業の収益力を反映しないため、現在の価値を正確に反映できない場合があります。

・時価純資産法：簿価を市場価値に修正し、企業の資産や負債の時価を考慮します。さらに営業権（企業が将来生み出すであろう超過利益）を加味することで、企業の持続的な価値を反映します。

②マーケットアプローチ

マーケットアプローチは、企業の市場価値に基づいて株式価値を評価する手法です。

・類似会社比準法：評価対象と類似する上場企業の株価や利益倍率（ＰＥ

RやPBRなど）を基に、評価対象企業の価値を推定します。

・EV／EBITDA倍率法：EBITDA（利払い・税引き・償却前利益）を基にした倍率を使用して企業価値を評価します。これは、企業の収益力に基づいて算定され、M&Aにおいて広く採用されています。

③インカムアプローチ

インカムアプローチは、企業の将来のキャッシュフローを現在価値に割引して企業価値を評価する手法です。

・ディスカウンティッドキャッシュフロー（DCF）法：将来のキャッシュフローを割引率を用いて現在価値に変換し、企業価値を算定します。この手法は、企業の収益力や成長性を考慮に入れた、理論的な評価方法とされています。

M&Aの現場でよく用いられる算定方法はコストアプローチの時価純資産法とマーケットアプローチのEV/EBITDA倍率法になります。それぞれの計算式は次の通りです。

時価純資産法＝時価純資産＋のれん代×3～5

（のれん代としてはEBITDAか税引前当期純利益が用いられることが多いです）

EV/EBITDA倍率法＝（EBITDA×倍率）＋余剰資産－有利子負債

M&Aの仲介会社の企業価値の算定方法にはこのどちらか、もしくは両方が用いられます。コストアプローチとマーケットアプローチの違いを端的に言うならば、前者はこれまでその企業が積み上げてきた実績を基に評価し、後者はこれからその企業の将来利益を評価しているといえます。事業承継的なM&Aであればコストアプローチ、ファンドのような投資的なM&Aであればマーケットアプローチが利用されやすい傾向にあるようです。

譲渡価格が算定される過程において、見過ごされがちな点が、買い手側は譲渡価格を回収しなければならないという点です。M&Aは一種の投資なので、回収が必要なのは当たり前だと思われるかもしれませんが、売り手側がその点を失念して議論がなされることが多いのです。現在の日本においては事業承継型のM&Aが多く、主要株主と経営者が一致しており、株式譲渡をして引継ぎ後に勇退されます。社員の処遇や、その後の経営など、自身が勇退後の会社を案じて、買い手と協議を重ねるのですが、譲渡価格の回収という点が、なぜか抜けて議論されがちです。

一般的にM&Aの譲渡価格に対する銀行融資の期間は5年から7年。譲受企業としては、その返済をしていかなければなりません。仮に次のような会社があったとします。

会社名：XYZ Manufacturing Co., Ltd.
業　種：機械部品の製造・販売
設　立：２０１０年
所在地：大阪府大阪市
従業員数：80名
主要顧客：中小規模の機械メーカーおよび製造業

類似企業の市場データ
類似企業A（中小規模の機械部品メーカー）
企業価値／ＥＢＩＴＤＡ（ＥＶ／ＥＢＩＴＤＡ）：6倍

財務状況

項目	2021年	2022年	2023年
売上高	9.5億円	10億円	10.2億円
営業利益	0.8億円	0.9億円	1億円
純利益	0.5億円	0.55億円	0.6億円
総資産	15億円	16億円	17億円
負債総額	7億円	7.5億円	8億円
純資産	8億円	8.5億円	9億円

この会社は、時価純資産法であれば11～12億円程度、EV／EBITDA倍率法であれば7～8億円ほどになります。ファンドであれば、再度株式売却を行うため、同程度以上の値付けができれば借り入れの返済は問題ありませんが、事業承継して継続経営する際には、大きな負担を生みます。買い手側の企業からすると、資産が手に入っているとはいえ、融資の返済原資は対象会社からの配当頼みになります。100％利益を配当したとしても、この会社であれば7年でも3．5～4億円程度しか回収できず、残りは買い手側企業が負担することになります。しかし、負担分も最終的には回収していかなければならないため、それは譲渡企業に課される負担となっていきます。それを返していくのは、残された役員、従業員となり、回収できなかった負担が多ければ多いほど、重くのしかかっていきます。

売り手側は、今まで自身が心血を注いで経営してきた会社ということもあり、できるだけいい価格で譲渡したいという思いが働きます。一経営者として、M&Aで提示される譲渡価格はある意味で通信簿のようなもので、満足がいくよう働きかけます。適正な目線であれば良いのですが、過剰な目線を持たれることも多く、その差が大きくなればなるほど残された役員・従業員への負担が大きくなっていきます。譲渡価格は、誰のため、何のために決めるのか。金額だけでなく、その後の経営も含めて考えて、値付けをすることが大切です。

デューデリの重要性と具体的展開

買い主側の話になりますが、デューデリの重要性について触れておきたいと思います。デューデリは、決して財務的なことだけではなく、業務、ビジネス的なことなどを総合的に分析していきます。そのうえで、買い手側として自社でできる範囲と、専門家に頼まなければならない範囲があります。

税務にしても法務にしても、M&Aを得意としている弁護士、税理士がいます。自社の顧問税理士が、必ずしも財務のデューデリができるとは限りません。M&Aの実務に長けた専門家に依頼することが重要です。

最近では標準的なチェック項目を準備している買い手企業が増えています。労務管理、顧客との関係性、資金繰り、売掛金の回収システムの有無など100項目近くあるケースもあります。

たとえば、組織図・役割で言えば、経理のところを見ると、メインの責任者は誰か、数値計画をどうやって組んでいるか、未収金はないか、事業外資産は持っていないか、資金繰りは誰が計画しているか、といった項目が並んでいます。人事では、給与システムはどういう風にやっているか、労働争議は起きていないか、といった質問項目もあります。M&A経験が豊富な買い手企業は、過去の事例からその都度、必要事項を積み増して更新しています。

ここまで買い手企業サイドの話をしてきましたが、逆に言えば売り手企業も相手がそれだけ慎重にチェックしているということを知っておくべきです。そうすれば、価格交渉でいたずらに揉めるような事態にならず、むしろM&A成立後のPMIや経営手法についてのもっと前向きな話に時間を割くことができるからです。

注意したいのが、たまに相手企業に法令違反が発覚するケースがあることです。これは売り手が1社で、買い手が数社という状況の時に起きやすいです。こういう場合、仲介会社はどうしても売り手サイドに寄ってしまうので、チェックが甘くなりがちです。ここは気をつけなければいけないポイントです。

そういうことを何も知らないまま交渉を進めてしまったら大変なことになります。M&Aでは、不動産のようなモノを買うわけではなく、その会社で働く従業員もついてくるわけですから。判断を間違えて、損切り覚悟で2、3年で手放したというケースも耳にしますが、翻弄される従業員が気の毒でなりません。

どんどん増しているPMIの重要性

次にM&A交渉成立後の統合効果を最大化するPMIの進め方についてお話ししておきます。

たとえば、売上が年間10億円で利益が1億円の会社を買収したとします。その後も同じ売上、同じ利益ではM&Aをした意味がありません。10年後には売上が15億円とか20億円になって、それに伴い利益も上がっていきます。

それを前提に行っているわけですから。そこで重要になってくるのがＰＭＩの実践です。

社内にＰＭＩの部署をつくることも有効です。その部署のメンバーが相手先企業の経理部や人事部などに入って、デューデリの聞き取りシートを基にヒアリングを行います。相手先企業の実態に即した形での統合プロセスを打ち出して、時間をかけて実行していきます。資本が変わったとたんに大きく経営のスタンスが変わるというのは、社員の方も取引先の方も抵抗があるはずです。慎重に様子を見ながら、統合を進めていくというのがＰＭＩの主たる目的です。売り手企業にとっても、買い手企業のＰＭＩは重要です。これをきちんと行うことで、異なる企業文化、経営手法を徐々に融合していければ、従業員も安心してついていくことができます。

本当に融合するまでを考えたら、少なくとも2、3年はかかるでしょう。4、5年かかるケースもあります。その間、本業自体をちゃんと回していくことが不可欠になります。ＰＭＩは手間も時間もかかりますが、逆に手間と時間をかける価値は充分にあると思います。

増え続ける仲介会社の見極めが重要

仲介会社の問題点についても触れておきましょう。この数年で仲介会社が急増しました。その結果、最近の仲介会社のあり方を見ていると、本当に値段のところだけ折り合わせているみたいな感じで、買い手、売り手に対するホスピタリティがあまり感じられないケースが増えています。案件を持ち込んで、値付けだけには熱心ですが、それぞれの会社にとってM&Aがどんな効果をもたらすのかについての関心がまるでないんです。だから、具体的な

PMIの提案なんて全然できない。愕然とします。

そもそもM&Aを取り締まる法律も整備されていませんし、資格も必要ないから誰でもできます。誰もが仲介事業に参入できて、ルールのない世界で仲介手数料を手にできるのです。

一般的に信用されるのは公認会計士や税理士の資格を持った方が仲介業務にあたっているケースでしょう。ですが士業の方たちは、数字面は判断できるけど、ビジネス視点での価値が分かるかというと、そうとは限りません。そこで、計算式に基づいた買収価格は弾き出せますが、統合によるシナジー効果までは見通せないから、正確に価格に反映できないケースも多いです。

残念ながら、それが現状です。

この数年でM&Aを取り巻く市場が急激に拡大してしまったので、仲介にあたってのきちんとした指導を受けていない事業者が、仲介会社を設立して参入し、混乱が生じているのが実態だと思います。きちんとした業界ルールづくりが欠かせません。現状では買い手保護が何もありませんから。売り手企業の瑕疵について、仲介会社が知っているのに買い手側に伝えなかったとしても罪になりません。そこは、ルールが徹底している不動産業界と大違いです。

それだけに、M&Aを成功させるためには仲介会社選びが重要なカギとなってくることは間違いありません。安易な判断で仲介会社を選んでしまうと、結果的に高い授業料を支払うことになるかもしれません。

最後に、期待を込めたお話をしておきます。地方のM&Aにおいては後継者難に伴う事業承継型が多いのですが、最近の事業承継型では雇用維持という形とともに売上、利益のさらなる増大に伴い、地域経済への還元につながっているケースが増えているかと思います。

買い手企業がM&Aで参画しなかったら、その売り手企業は消滅していたかもしれません。結果的に最悪の事態を防ぎ、さらに地域経済への貢献につながる可能性がある。これは地方における中小企業M&Aの大きなメリットといっていいでしょう。そんな前向きなM&Aが今後どんどん増えていくことに期待したいものです。

第5章

みどりグループがM&Aに見る未来展望

笑顔あふれる「ひと」「まち」「ゆめ」づくりに貢献
グループ総売上高を、200億円から1000億円に飛躍させる

「ビジョン2033」という経営目標があります。私は2023年10月で66歳になりました。グループでは、世代交代のため、65歳になったら役員は定年で事業会社の社長からは退こうということにしています。ですので、私は会長になって、杉川専務を含めた40代の役員を中心に経営委員会をつくり「ビジョン2033」の実現に向けた方針を決めていってもらっています。

さらに一つ下の世代の30代前後の管理職メンバーで勉強会を開き、「ビジョン2033」を2023年10月の経営方針発表会で発表しました。売上高の

目標は1000億円に設定し、ビジョン実現のためにM&Aを推進していくということを盛り込んでいます。

ビル管理、メンテナンス関連企業の大手は、ほとんどが大手不動産会社や物流会社の系列です。独立系の不動産管理会社でいうと、日本管財が売上高約1000億円で、国内最大手と言われています。この、1000億円というのが経済界で影響力を持てる一つの指標だと考えています。この業界は、インフラを支えているにもかかわらず、まだ社会的な評価が低く、給与面を含めて従事者一人ひとりの評価にもつながっていないのが現状です。こうした状況を打開するためにも1000億円という目標を突破して、業界全体のイメージアップ、認知アップにつなげていきたいです。

COLUMN

M&A企業の社長候補を公募
新たなサーチファンドに注目

2024年4月、広島県の地元紙に「みどりHD M&A拡大　買収と経営担う人材募集」という記事が掲載された。「交渉費用400万円まで支払い」ともある。このユニークな人材募集の概要はこうだ。

> みどりホールディングス（HD）はM&Aを活用した事業承継型地方創生事業に取り組む。多くの中小企業の課題とされている後継者問題を解決するため、サーチファンドの手法を活用し、新たに経営者候補を募集する。経営者候補には自らM&A対象企業の調査・検討及びM&Aの実施を担当してもらう。調査などにかかる経費を一定額みどりHDが負担し、支援する（最大400万円まで）。

この公募の狙いについて、杉川社長に真意を聞いた

――M&A対象企業の選定から調査、そして実施まで行う人材を募集されるというのは、全国的にみてもかなり先進的な取組だと思います。その狙いをお聞かせください。

杉川：地方の中小企業の最大の課題は後継者問題です。経営はしっかりしているし、顧客からの信頼も厚い。後継者さえ確保できれば事業承継は可

能というケースが多いんですね。そこでM&Aを活用するということになるのですが、買収する側の企業にとっても経営者候補が潤沢にいるわけではない。それは、みどりグループでも同様です。社内で経営者候補を育てるスピードが追い付いていません。そこで経営者候補をあらかじめ確保しておく必要がある。それが公募のそもそもの原点です。

――企業経営の志願者が、投資家の支援を受けながら対象を探す「サーチファンド」という手法を採用されました。

杉川：たとえば広島出身で、東京をはじめとした大都市圏でキャリアを積んできた40-50代のビジネスパーソンで、最後に新たなキャリアに挑戦したいという人がいると思うんです。地域の優良企業が後継者問題で消滅してしまうのは、地方衰退に直結します。「キャリアの最後を自分が育ったふるさとで、経営者として有意義な働き方をしたい」という思いを持つ方々の応募を待っています。

——人生100年時代、まだまだ働けるのに自分のキャリアを生かしきれていない中高年世代が多いのが現実です。そんな人たちにとっても大きな刺激になる取組ですね。

杉川：興味のある分野でM&A対象企業を自ら調査・選定し、実行に移す。そして成功した際には、自分が社長となって権限をもって切り盛りするのですから、やりがいはあると思います。さらに、経営者として地方に移住するというのは、サラリー面でも条件がいいんです。東京で年収1500万円あった部長さんが地方に来たとして、同じ部長職では同水準の賃金は難しい。それも、社長ということであれば可能でしょう。

――大企業では、国際経済の先行き不透明感から10000人、20000人規模のリストラを断行するところが増えてきています。優秀な人材を確保したい地方企業にとってはチャンスとも言えますね。同時に、40-50代のビジネスパーソンにとって、経営者候補募集は地方で最後のキャリアを締めくくる絶好の機会。地方経済の活性化に新たな可能性を生む取組としてこれからの展開が楽しみです。

特別寄稿

地方発　最新M＆A講座

特別寄稿

本書のテーマは、「勝ち残りM&A」という、経営者なら誰もが気になる経営術について執筆されたものです。そもそも、このM&Aというキーワードは漠然としたイメージを連想されることも多く、思い浮かべる人によってその姿は大きく異なります。

たとえば、企業経営者、金融機関、外資系企業といった、日常的にM&Aと関係のある職業の方であれば、組織の栄枯盛衰の一端として何度も目にしたことと思います。従業員の立場では、部門の統廃合が突然行われたという経験もあるのではないでしょうか。他にも、メディアや大学生といった少し離れた立場で見る方々は、「M&Aが実行されるか否か」、「プロキシーファイト（委任状争奪戦）でどちらが優位に立つのか」、そういったゲームの勝者を見守るような感覚だった過去のニュース映像を思い出すかもしれません。

また、時代によってその印象も大きく異なります。1990年代の新聞記事を紐解いてみると、「買収マネー」「海外M&A」「米国経済」などの関連キーワードが示すように、日本に突然やってきた黒船のようなイメージが先行していました。その後2000年代に入ると、米国に端を発するインターネット・バブル崩壊の煽りを受けてか、「メディア企業を対象とした大型買収」や「物言う株主」といった話題でM&Aが語られるようになります。そ後の動きに注目が集まっています。

一方、中小企業のM&Aに限定してみると、たしかに大きな伸びは見せているものの、なかなかM&Aを前向きに考えることが難しいという経営者の方も数多くいらっしゃいます。

そのような中、本書は「勝ち残りM&A」を提案します。M&Aは、企業が永らえるやむを得ない手段として選択するものではありませんし、慈善事業として中小企業を救済するためのものでもありません。あくまで、企業がビジネスを進めていく際の攻めの戦略として捉えることで、買収する側と買収される側のWin-Winの関係を目指していくものです。

さらに、買収、被買収、それぞれの企業業績だけではなく、地域活性化、地域再生の一助となっていることも見逃せません。みどりグループは、広島という地方都市を舞台としながら、このM&Aを有効的に活用することで大きな飛躍を見せており、本書にはその舞台裏が詰まっています。

たとえば、本書で取り上げられる吉谷は、島根県に所在していながら、これまでの第一ビルサービスを中心とした不動産事業で培ったノウハウを最大限に生かすことで競争力を高め、まわりを巻き込むような地域の中核企業となっています。ほかにも、岡山三共アメニティ、大和建設といったように、域外の企業が多くみられるのも大きな特徴の一つでしょう。そのため、地域における企業の存在意義についても深く考えさせられます。

これは、決して遠い世界の出来事ではありません。身近な経営者による不断の努力と小さなきっかけによるものであり、本書の随所からそれは伝わってきます。この書を手に取ったみなさまは、おそらくM&Aという単語に関心